AF317127

MONSIEUR HAMELIN

CURÉ DE SAINTE-CLOTILDE

PAR

M. L'ABBÉ O. GARDEY

PREMIER VICAIRE DE SAINTE-CLOTILDE

PRIX : 75 CENTIMES

PARIS

AU BUREAUX DE LA *Semaine Religieuse*

18, RUE DES FOSSÉS-SAINT-JACQUES, 18

1883

MONSIEUR HAMELIN

CURÉ DE SAINTE-CLOTILDE

MONSIEUR

HAMELIN

CURÉ DE SAINTE-CLOTILDE

PAR

M. L'ABBÉ O. GARDEY

PREMIER VICAIRE DE SAINTE-CLOTILDE

PRIX : 75 CENTIMES

PARIS

AU BUREAUX DE LA *Semaine religieuse*

18, RUE DES FOSSÉS-SAINT-JACQUES, 18

1883

MONSIEUR HAMELIN

Le clergé de Paris vient de faire une perte sensible, dans la personne de M. Hamelin, curé de Sainte-Clotilde, doyen des curés et chanoines du diocèse.

Ce n'est pas seulement un homme de rare mérite et de haute vertu, qui disparaît : c'est, avec lui, tout un passé, et une série de prêtres éminents, qu'on ne reverra plus.

M. Hamelin était comme un ancien parmi les modernes.

C'était le survivant et le représentant d'un clergé, à peine connu de nous, mais dont nos traditions nous ont conservé la mémoire : clergé, visiblement suscité de Dieu, pour le rétablissement de la foi et de la piété, à Paris, après les bouleversements de la Révolution; et apportant à cette œuvre une fermeté d'idées, de principes et de vues, qui allaient quelquefois jusqu'à l'inflexibilité, mais que soutenaient d'austères habitudes de vie, jointes à un sentiment très vif et très haut de la dignité ecclésiastique et de l'autorité sacerdotale.

M. Hamelin relevait directement de Mgr de Quélen et de Mgr Borderies. Il était le fils de leur âme : il fut l'héritier et le continuateur de leur esprit.

Né avec le siècle (ce qui lui faisait dire, dans ces dernières années, qu'il trouvait le siècle bien vieux), il vint au monde, à Paris, dans la Cité même, presque à l'ombre des tours de Notre-Dame, d'une famille de bourgeoisie et de commerce, ayant conservé, comme la portion la plus chère de son patrimoine, la fidélité à Dieu et la fidélité au roi. Par un privilège, dû au malheur des temps, il fut baptisé à la Sainte-Chapelle.

M. Borderies, alors vicaire général et ami de la famille, avait remarqué de bonne heure la vive intelligence de l'enfant, sa gravité précoce; et pressentant le bien qu'il pourrait faire à l'Eglise, détermina sa vocation ecclésiastique et son entrée au Séminaire Saint-Sulpice.

Avant même qu'il fut ordonné prêtre, il le prit avec lui, comme auxiliaire, dans les Catéchismes de Saint-Thomas d'Aquin qu'il avait rendus déjà célèbres, et où venaient en grand nombre les enfants du faubourg Saint-Germain.

A l'École de ce maître admirable, le jeune catéchiste apprit l'art d'instruire et de former les enfants à la piété, en apprenant celui de les aimer. Il y fit, en peu de temps, des progrès marqués, en attendant qu'il devint maître à son tour.

Toute sa vie devait se ressentir de cette initiation première et en garder l'empreinte. Il conçut là, pour l'enfance, ce goût, ce zèle, cet attachement, et, pour tout dire en un mot, cette passion, qui restera l'un des traits dominant de son caractère.

Qui ne sait la grâce irrésistible exercée par les enfants sur M. Hamelin.

Aussitôt qu'il en apercevait un, son visage, si grave d'ordinaire, s'adoucissait et s'éclairait d'un rayon particulier; un sourire passait sur ses lèvres; ses lèvres elles-mêmes s'ouvraient pour une parole aimable et affectueuse. Quand il en rencontrait dans la rue, il ne résistait pas au plaisir de les saluer, même sans les connaître. Il ôtait son grand chapeau, et leur souriait paternellement. Quand il venait au catéchisme, c'était une joie et une fête extraordinaire. Ce petit monde et lui se comprenaient tout de suite. Ils se parlaient l'un à l'autre à merveille : celui-ci, par une parole pleine de grâce et d'enjouement, celui-là par des regards et une attention qui ne perdaient ni un mot, ni un geste du catéchiste et du père. — Non seulement, il n'inspirait aucune crainte aux enfants, ainsi qu'il arrivait quelquefois pour les grandes personnes, mais il excitait, parmi eux, un véritable enthousiasme. Nous en connaissons, qui, rentrés à la maison, après le catéchisme, écrivaient sur leurs cahiers, sur leurs livres, et jusque sur les murailles : « J'aime M. Hamelin. Vive M. Hamelin! » Cris du cœur, pleins de grâce, qui ont plus de prix à nos yeux, que la plupart des acclamations intéressées de la foule! « N'est-ce pas de la bouche des enfants que sort la meilleure des louanges? »

Pourquoi ne pas le dire? ce qu'on appelait les brusqueries de M. Hamelin étaient connues et redoutées et l'on ne s'y exposait pas sans raison; on les aurait moins redoutées, si on avait mieux pénétré le fond de ce cœur, aussi sensible qu'il était grand. Mais le monde ne prend pas la peine et n'a pas le temps d'être profond. Il ne regarde que les surfaces et juge, par elles, de tout le reste.

Donc, quelquefois, on allait à **M. Hamelin**, non sans inquiétude de son accueil. Mais il y avait un remède à cette crainte. On savait l'infaillible moyen de se faire bien venir : c'était de se présenter, un enfant à la main, ou le sien, ou celui d'un autre, emprunté pour la circonstance. Sous cette protection toute-puissante, on était reçu avec une courtoisie, dont lui seul avait le secret, et l'on obtenait tout ce qu'on voulait.

Cet amour pour l'enfance est un trait commun à ces prêtres éminents, qui, pendant la première moitié de ce siècle,

**

ont tracé un sillon gl orieudans l'Eglise
de Paris. Pour ne parler que des morts,
citons M. Borderies, M. Dupanloup,
M. de la Bourdonnaye. Qu'il nous soit
permis d'ajouter à ces noms celui d'un
homme, qui fut beaucoup aimé et mérita
de l'être, et auquel nous sommes heu-
reux de rendre ce nouvel hommage de
notre piété filiale et reconnaissante,
M. Debeauvais, ancien premier vicaire de
M. Hamelin, à l'Abbaye-aux-Bois, mort,
il y a plusieurs années, curé de Saint-
Thomas-d'Aquin, dans la grâce d'un
ministère aussi aimable que fécond.

Tous ces hommes, et bien d'autres de
leurs confrères et de leurs amis, ont aimé
les enfants; dans les enfants, la grâce
de leur baptême, la candeur et l'inno-
ence de leur âme; peut-être aussi leur

propre candeur et leur propre inno-
cence : ou plutôt ils avaient pénétré
dans le cœur de Notre-Seigneur Jésus-
Christ, et y découvrant sa divine passion
pour cet âge aimable, ils s'étaient pris à
l'aimer, à leur tour, d'un amour qui n'a
fini qu'avec eux.

C'est ainsi qu'accablé de vieillesse,
incapable de tout ministère, pouvant à
peine se lever de son fauteuil, presque à
la dernière heure de sa vie, M. Hamelin
proposait aux enfants, qui le venaient
voir, de les confesser une dernière fois :
tant son cœur était demeuré attaché à
leur âme, et jaloux de leur consacrer les
derniers efforts de sa vie apostolique.

Après douze ans de ce ministère, si
modeste en apparence, mais si réelle-

ment et saintement utile, M. Hamelin fut nommé par Mgr de Quélen, vicaire administrateur de l'Abbaye-aux-Bois, avec la mission de venir en aide au Curé de la paroisse, qui succombait sous le poids des années.

Le Curé étant venu à mourir quelques mois après, M. Hamelin le remplaça définitivement.

Avec lui, passa, à l'Abbaye-aux-Bois, la renommée des catéchismes de Saint-Thomas d'Aquin. On y venait en foule des autres paroisses de Paris. Chacun désirait confier son enfant aux pieuses et habiles mains du disciple de Mgr Borderies. — On parle encore, à l'heure qu'il est, de cet âge en quelque sorte héroïque des catéchismes de l'Abbaye-aux-Bois. Que de chrétiens et de chrétiennes nous avons rencontrés, encore tout émus de ces souvenirs, malgré la longue distance qui les en séparaient, se reconnaissant redevables à **M. Hamelin** de la foi et de leurs habitudes chrétiennes, conquises et conservées.

Mais le jeune curé ne se renferma pas dans ces limites; elles eussent été trop étroites à son zèle et à sa charge. Il aborda un autre terrain, celui de la prédication, et y révéla du premier coup des qualités de premier ordre.

Il n'avait pas seulement les mœurs oratoires : un noble visage, un large front, une tête puissante, relevée par une taille élancée, un geste sobre et ample à la fois : il fit voir, en même temps, une solidité et une élévation de doctrine, une sincérité et une chaleur

***

d'accent, une abondance de développements, une connaissance, enfin, de la sainte Écriture, qui furent une surprise pour tout le monde.

Rien de plus varié que sa prédication. Aucun genre ne lui était étranger. Prônes, homélies, conférences, sermons, commentaires de l'Écriture, il parcourut le cercle entier de la parole apostolique.

Il faut dire qu'il se nourrissait depuis longtemps de la substance des Pères. Saint Jean Chrysostome, saint Augustin et saint Thomas d'Aquin étaient ses auteurs favoris. Il les lisait tous les jours, et il garda cette habitude jusqu'à la fin de sa vie. On n'allait pas le voir, dans son cabinet, à la campagne ou à Paris, sans le trouver en compagnie de ces maîtres préférés.

Ajoutons, pour être complet, qu'à côté de ces livres vénérables, se trouvait le plus souvent, un Bossuet, un Racine ou un Lafontaine, qu'il goûtait en lettré. Il aurait pu dire, lui aussi : je ne lis plus, je relis.

Quant à la piété, qui était une des grâces de ses discours, il la tirait de son cœur, de son esprit de prière, de la sainte Ecriture. La parole de Dieu lue, méditée, étudiée chaque jour, lui avait ouvert abondamment cette veine sacrée.

Et puisque nous parlons de sa piété, comment ne pas rappeler sa dévotion au Saint Sacrement? A ses yeux, Jésus-Christ était tout : tout pour la religion, tout pour les âmes, à commencer par la sienne propre. Il était jaloux de le faire connaître et aimer. Cet amour lui inspira d'établir l'*Adoration perpétuelle* dans sa paroisse, longtemps avant qu'elle ne fut établie à Paris. Quand on dépouillera sa correspondance, on y trouvera une lettre de M. l'abbé de la Bouillerie, alors vicaire général, le félicitant de sa pieuse initiative. « Voici une lettre, nous dit-il « un jour, en nous la montrant, qui sera « le plus beau titre de mon honneur « sacerdotal. »

Mais ce n'est pas seulement des adorateurs, c'est aussi des sacrificateurs qu'il voulait à Jésus-Christ. Il créa une maîtrise, avec la pensée de former des prêtres. Aucune œuvre ne lui fut plus chère. Elle devint une vraie passion de sa vie. Il aimait ces enfants au delà de tout, ne laissant à personne le soin de pourvoir à leurs besoins, de les encourager, de les soutenir; surveillant sans se lasser, leur conduite et leur travail ; se faisant rendre compte, chaque semaine, des notes obtenues; distribuant à propos les louanges ou les reproches. Et ce fut ainsi pendant plus de quarante années. Et lorsque, il y a deux ans, par suite de la laïcisation de ses écoles, il dut se séparer de ses enfants pour les mettre au Petit Séminaire de Paris, ce fut un déchirement pour son cœur et une des plus grandes douleurs de sa vie.

Il est vrai qu'il lui était venu, de là, de grandes consolations : celle, d'abord, d'avoir donné des prêtres à Jésus-Christ ; et, ensuite, d'avoir vu plusieurs de ces prêtres remplir leur ministère, dans des postes divers, avec un grand honneur pour sa maîtrise, et un grand profit pour la gloire de Dieu.

En 1857, l'église de Sainte-Clotilde ayant été ouverte, le cardinal Morlot appela M. Hamelin à en être le Curé.

Il n'était pas un inconnu pour ses nouveaux paroissiens, ayant fait faire la première communion à la plupart d'entre eux. Il fut accueilli comme il le méritait.

Naturellement tout était à créer. Il se mit à l'œuvre, avec l'ardeur propre à son caractère. Les difficultés, du reste, ne l'arrêtaient jamais. Elles étaient plutôt un stimulant à son action.

Il pourvut, dès la première heure aux convenances du culte.

L'église de Sainte-Clotilde avait été bâtie avec goût et une entente parfaite des besoins qu'elle était destinée à servir. Commode, recueillie, de proportions élégantes, se prêtant au développement des cérémonies, elle permit à M. Hamelin de satisfaire son esprit de religion. Il aimait le chant ecclésiastique, l'ordre et l'éclat des cérémonies saintes. Il présidait lui-même les offices, avec une dignité peu commune. Ses paroissiens n'oublieront pas, avec quel mélange de gravité et de piété simple, il disait la messe. Rien que de voir ce prêtre à l'autel, on se sentait touché et disposé à prier avec plus de ferveur. Osons dire ce que nous pensons : il était lui-même une des splendeurs du culte dans son église.

Il n'y avait point d'écoles sur Sainte-Clotilde. Il s'empressa de faire un appel

à ses nobles paroissiens. Ceux-ci répon-
dirent avec une générosité digne d'eux-
mêmes et de leur curé, générosité, du
reste, qui ne se démentit pas dans la
suite.

En quelques jours, le terrain fut
acheté. En quelques mois, les bâtiments
scolaires furent construits; et, à la ren-
trée suivante, les Frères installés purent
recevoir les enfants du quartier.

Il aurait voulu faire de même pour
l'école des filles. Mais il céda devant
certaines observations, qui paraissaient
justes alors, les idées de laïcisation ne
venant à l'esprit de personne, mais dont
la suite ne démontra que trop le péril.
Ne pouvant donc créer une école libre,
il proposa à la ville 250,000 francs, à la
charge par elle, de bâtir l'école, de la

confier aux Sœurs de Charité, et d'y loger soixante orphelines. Le traité fut consenti et exécuté pendant plusieurs années. On sait comment, dans ces derniers temps, il fut dénoncé et rompu.

M. le Curé, au moment de cette rupture, avait plus de quatre-vingts ans. Un instant ébranlé par ce coup inattendu porté à sa vieillesse et à son âme de pasteur, nous pouvions craindre qu'il y succombât, mais son énergie se releva. Avec la promptitude et la décision de ses jeunes années, il conjura le péril. Un hôtel fut acheté, pour remplacer l'école disparue. Les enfants y trouveront un asile qui leur fera oublier avantageusment l'établissement de la rue Las-Cases.

Il fallait, enfin, une chapelle des Catéchismes, Sainte-Valère ne nous offrant qu'un abri provisoire. Alors fut élevée cette chapelle, dédiée à *Jésus enfant*, si élégante et si joyeuse, si bien appropriée aux besoins et à l'agrément des enfants, déjà si grandement aimée par eux, et que M. le Curé ne trouvait jamais assez belle, à cause d'eux.

Ses restes mortels ont reposé là, pendant les derniers jours qu'il a passés dans sa paroisse. Serait-il téméraire de penser qu'il lui a été doux, dans le ciel, de voir sa dépouille, confiée ainsi, jusqu'à la dernière heure, à la garde des enfants qu'il avait tant aimés ?

Avec cette dernière construction, la paroisse était pourvue de tous les organes nécessaires à sa vie. Que pouvait-il lui manquer désormais ? Certes, si

M. Hamelin était resté accessible aux sentiments d'humaine satisfaction, il aurait pu, en jetant les yeux sur ces œuvres diverses, se rendre le témoignage qu'il avait bien rempli sa tâche.

Mais à quoi bon s'étendre plus longuement sur les édifices matériels élevés par ses mains? Ce dont il faudrait parler maintenant, et serait intéressant à étudier, c'est l'édifice spirituel qu'il a dressé dans les âmes confiées à ses soins. Ainsi pourrions-nous mesurer l'étendue du bien qu'il a fait, et pénétrer plus profondément au-dedans de lui-même. Mais le voile qui recouvre ces mystères intérieurs demande à être soulevé avec la plus grande réserve. Nous devons cependant en dire quelques mots.

On répétait volontiers que M. Hamelin

était un confesseur sévère. Si l'on veut dire par là que M. Hamelin repoussait le mélange d'habitudes chrétiennes et d'habitudes païennes, qui nous envahit chaque jour davantage, on a mille fois raison. Il avait de telles compromissions en horreur.

Ce qu'il y a de certain, c'est qu'il a marqué la plupart des âmes dont il avait la charge, d'un caractère ineffaçable de retenue chrétienne et de piété solide. Qu'elles vivent dans le cloître ou dans le monde, sous le voile ou dans les salons, elles sont le témoignage vivant de la sagesse et de la gravité de sa direction.

Son dévouement sacerdotal était pour elles sans limites. Sa mort leur sera une perte irréparable. Beaucoup l'ont déjà senti. « C'est un écroulement de ma vie, » nous écrivait un de ses pénitents, en apprenant la fatale nouvelle.

Oui, cet homme était bon. Il avait même de la tendresse de cœur. Mais cette tendresse s'effarouchait facilement. C'est la raison de certaines particularités de son caractère, restées inexpliquées à quelques-uns.

Il aimait les pauvres, ayant des goûts pour lui-même d'une extrême simplicité, la table la plus frugale, portant ses vêtements jusqu'à complète usure et encore fallait-il des stratagèmes pour les lui renouveler. — Un illustre soldat lui voyant un jour sur la tête un chapeau de couleur fort passée, se crut obligé de lui en envoyer un tout neuf, le soir même.

Il répandait ses aumônes sans compter.

Quoi de plus, enfin? Cet homme était un prêtre. S'il nous fallait rechercher en quoi consiste l'unité de sa vie, nous n'aurions pas un autre mot à dire : il fut prêtre, il ne fut que prêtre.

L'ordre des choses ecclésiastiques était son domaine exclusif. Tout le reste lui était à peu près indifférent, s'il ne s'y rapportait. Mais sur le terrain de l'Église, de ses droits, de son honneur; sur les intérêts de Dieu et des âmes; sur les épreuves ou les consolations du Saint-Père ou du Saint-Siège, son âme était de feu.

Il vécut ainsi quatre-vingt-deux ans, onze mois, six jours. Il avait fait sa cinquantaine comme prêtre, en 1874, avec quel éclat de parole, et quelle humilité, on ne l'a pas oublié? Il ne lui fallait plus que trois ans, pour atteindre sa cinquantaine de Curé. Nous lui exprimions quelquefois l'espoir de ce nouvel anniversaire. Il nous répondait par un signe de tête, qui voulait dire, non. C'est au ciel qu'il le célèbrera, dans le rajeunissement de sa gloire sacerdotale.

Dans ses dernières années, sentant ses forces le trahir, il avait voulu donner sa démission. Son Éminence le Cardinal lui manifesta le désir de le voir rester jusqu'à la fin Curé de la paroisse qu'il avait fondée.

Il y a deux ans, jour pour jour, il reçut de la Providence le premier avertissement sérieux de se préparer à mourir. Il fut atteint à la campagne d'une fluxion de poitrine qui mit ses jours en péril. Sa forte constitution en triompha. Il rentra à Paris. Il ne rentra plus, hélas! dans son église. Il disait, ou on lui disait la messe dans sa chambre.

A partir de ce moment, il ne se prépara plus qu'à la mort, se retirant peu à peu de toutes les pensées de la terre, s'enveloppant des pensées éternelles et ne regardant que du côté du ciel.

Ce qu'il a souffert, ce qu'il a mérité durant ces deux années d'exil et d'abdication volontaire de ses charges et de ses droits, personne ne le saura jamais, c'est le secret de sa sanctification suprême.

Il avait un sentiment très haut de la responsabilité pastorale. Avec une abné-

gation dont Dieu lui aura tenu compte,
il s'était dépouillé de son autorité, tout
en conservant cependant dans la mesure
de ses forces, la haute direction de sa
paroisse. Le matin de sa mort, on lui
apporta la feuille de service de la journée. Il la lut et l'approuva.

Tandis que ses forces déclinaient sen-
siblement, son esprit demeurait libre et
gardait toute la précision de ses pensées.
Il assistait ainsi, jour par jour, heure
par heure, à la dissolution de son corps ;
mais son âme présidait encore à tous
les mouvements de sa vie.

Deux mois avant sa mort, il reçut les
derniers sacrements : « Je m'y prépare
tous les jours depuis deux ans », dit-
il au prêtre qui l'administrait. Sans que
rien fit pressentir la crise finale, le

26 août au soir, il se confessa ; le lendemain, il entendit la messe et reçut la sainte communion. Le reste de la journée se passa comme toutes les autres. Nous restâmes près de lui jusqu'à cinq heures et demie. A sept heures, sans que personne s'y attendit, il poussa un soupir, c'était le dernier. Il s'était endormi dans le Seigneur, sans secousse, sans douleur, sans agonie, sans aucune de ces angoisses de la dernière heure, qu'il redoutait et que nous redoutions pour lui. Car, leçon utile à méditer, cet homme saint, pieux et austère, dont la vie avait été sans tache, s'effrayait des jugements de Dieu.

Ses funérailles ont eu lieu le 30 août, avec la gravité qu'il aimait. — La plupart de ses paroissiens, dispersés à la campagne, n'ont pu lui rendre leurs derniers devoirs. Mais nous savons qu'ils se sont associés à notre deuil et à nos prières.

Ce serait perdre la mémoire que d'oublier un tel pasteur. L'ayant vu, pendant de si longues années, à notre tête, nous nous souviendrons de sa foi, de sa piété et de ses œuvres. Et tandis qu'il nous bénira, du séjour de la gloire, nous le ferons revivre, au milieu de nous, par le souvenir de ses conseils et par l'imitation de ses vertus.

Paris. — E. de Soye et fils, imp., 18, r. des Fossés-Saint-Jacques.

9 782019 625641